Dieses Buch gehört:

....
Name(n)

....
Adresse

....
Telefon

....
Email

Notfall-Kontakt:

....
Name

....
Telefon

Im Notfall:

RUHE BEWAHREN & Überblick verschaffen

↓

Unfallstelle sichern
ggf. sofortige Rettung des Verletzten aus dem Gefahrenbereich
ABER: Eigenschutz geht vor!

↓

Bewusstseinskontrolle
Bewusstsein vorhanden?

JA
- Blutstillung, Wundversorgung
- Lagerung des Verletzten
- Notruf

NEIN
- Notruf delegieren
- Kontrolle der Atmung

Kontrolle der Atmung
Atmung vorhanden?

JA
- Bewusstlosigkeit: stabile Seitenlage
- Beobachten
- ggf. Ausräumen & Freimachen der Atemwege
- Notruf delegieren
- für Wärmeerhalt sorgen

NEIN
- Notruf
- Kreislaufstillstand: Herzlungenwiederbelebung: Herzdruckmassage + Beatmung 30 : 2
- erneute Kontrolle der Atmung

Notruf abesetzen

Wichtigeste Informationen: **Wo** befindet sich der Unfallort?
Was ist geschehen?
Wer meldet?
Wann ist der Unfall geschehen?
Wie viele Personen sind verletzt?

Das Gespräch wird von der Leitstelle beendet!

Bis zum Eintreffen der Rettungskräfte unbedingt telefonisch erreichbar bleiben!

Notrufnummern:

Notruf für alle europäischen Länder: 112

Alpinnotruf im jeweiligen Land:

Deutschland: 112
Österreich: 140
Schweiz REGA: 1414
Bergrettung im Kanton Wallis: 144
Italien: 118
Frankreich: 15
Slowenien: 112
Notfall-SMS: 0800 133 133

Innerhalb der EU kann der Euro-Notruf 112 (kostenlos) immer verwendet werden.

Kein Netz vorhanden?

1. Handy ausschalten
2. Handy einschalten
3. Anstatt des PINS den Euro-Notruf 112 wählen

Das Handy wählt sich automatisch in ein verfügbares Netz ein!

Hubschrauberrettung:

Bei klarer Annäherung des Rettungshubschraubers bzw. Sichtkontakt Zeichen geben

JA
Wir benötigen Hilfe!

NEIN
Wir benötigen keine Hilfe!

Beispiel für eine Packliste:

Ausrüstung:

- ○ Rucksack (20-30l)
- ○ Erste Hilfe-Set
- ○ Handy mit Notfallnummern
- ○ Trinkflasche/Trinksystem
- ○ Karte/Wanderführer
- ○ Kompass
- ○ Stirnlampe
- ○ Bargeld
- ○ EC-Karte
- ○ Ausweis
- ○ Mitgliedsausweis Alpenverein
- ○ Taschenmesser
- ○ kleiner Müllbeutel

Bekleidung:

- ○ Langarm-/Kurzarmshirt
- ○ Wechselshirt
- ○ Wanderschuhe
- ○ Wandersocken
- ○ Wanderhose/Zip-Off Hose
- ○ Fleecejacke
- ○ Softshelljacke
- ○ Hardshelljacke
- ○ Regenhose
- ○ Funktionsunterwäsche
- ○ Mütze/Cap/Hut
- ○ Halstuch
- ○ Handschuhe

Optional:

- ○ Wanderstöcke
- ○ kleines Sitzkissen
- ○ Taschentücher
- ○ Sonnenbrille
- ○ Sonnenschutz/Sonnencreme
- ○ Thermoskanne
- ○ Feuerzeug
- ○ Zeckenzange/Zeckenkarte
- ○ Blasenpflaster/Tape
- ○ Fernglas
- ○ kleiner Gaskocher

Proviant:

- ○ Wasser (mind. 1,5 Liter)
- ○ Nüsse
- ○ Trockenfrüchte
- ○ Bananen
- ○ Äpfel
- ○ Müsli-/Energieriegel
- ○ Brotzeit

Diese Packliste ist lediglich eine Empfehlung, die individuell nach Tourengegebenheiten, Wetterverhältnissen und persönlichen Bedürfnissen angepasst werden darf.

Auf der folgenden Seite könnt Ihr Euch eine eigene Packliste zusammenstellen, die auf Eure persönlichen Bedürfnisse ausgerichtet ist.

Unsere Packliste:

Ausrüstung:

○ ....
○ ....
○ ....
○ ....
○ ....
○ ....
○ ....
○ ....
○ ....
○ ....
○ ....
○ ....
○ ....
○ ....
○ ....
○ ....
○ ....
○ ....
○ ....

Bekleidung:

○ ....
○ ....
○ ....
○ ....
○ ....
○ ....
○ ....
○ ....
○ ....
○ ....
○ ....
○ ....
○ ....
○ ....
○ ....
○ ....
○ ....
○ ....
○ ....

Optional:

○ ....
○ ....
○ ....
○ ....
○ ....
○ ....
○ ....
○ ....
○ ....
○ ....
○ ....

Proviant:

○ ....
○ ....
○ ....
○ ....
○ ....
○ ....
○ ....
○ ....
○ ....
○ ....
○ ....

Unsere Touren im Überblick

Tour Nr.	Name der Tour	Datum	Gesamtzeit
1			
2			
3			
4			
5			
6			
7			
8			
9			
10			
11			
12			
13			
14			
15			
16			
17			
18			
19			
20			
21			
22			
23			
24			
25			

Tour Nr.	Name der Tour	Datum	Gesamtzeit
26			
27			
28			
29			
30			
31			
32			
33			
34			
35			
36			
37			
38			
39			
40			
41			
42			
43			
44			
45			
46			
47			
48			
49			
50			

Tour Nr. 1

Romantik	♡ ♡ ♡ ♡ ♡
Schwierigkeit	☆ ☆ ☆ ☆ ☆
Kondition	☆ ☆ ☆ ☆ ☆
Frequentierung	☆ ☆ ☆ ☆ ☆
Landschaft	☆ ☆ ☆ ☆ ☆
Gesamtbewertung	☆ ☆ ☆ ☆ ☆

Name der Tour

Gipfel/Gebirge

Ausgangspunkt

Möchten wir gerne wiederholen ☐ JA ☐ NEIN

Art der Tour

Datum

Höhenmeter

Distanz

Weitere Begleiter

Aufstiegszeit

Abstiegszeit

Gesamtzeit

Wetterverhältnisse

Hütten/Einkehrmöglichkeiten

Stempel

Highlights

Höhe in Metern

Zeit in Stunden

Kommentare:

Etappen

Notizen, Gedanken, Fotos...

Tour Nr. 2

Romantik	♡♡♡♡♡
Schwierigkeit	☆☆☆☆☆
Kondition	☆☆☆☆☆
Frequentierung	☆☆☆☆☆
Landschaft	☆☆☆☆☆
Gesamtbewertung	☆☆☆☆☆

Möchten wir gerne wiederholen ☐ JA ☐ NEIN

Name der Tour

Gipfel/Gebirge

Ausgangspunkt

Art der Tour

Höhenmeter

Distanz

Aufstiegszeit

Abstiegszeit

Gesamtzeit

Datum

Weitere Begleiter

Wetterverhältnisse

Hütten/Einkehrmöglichkeiten

Stempel

Highlights

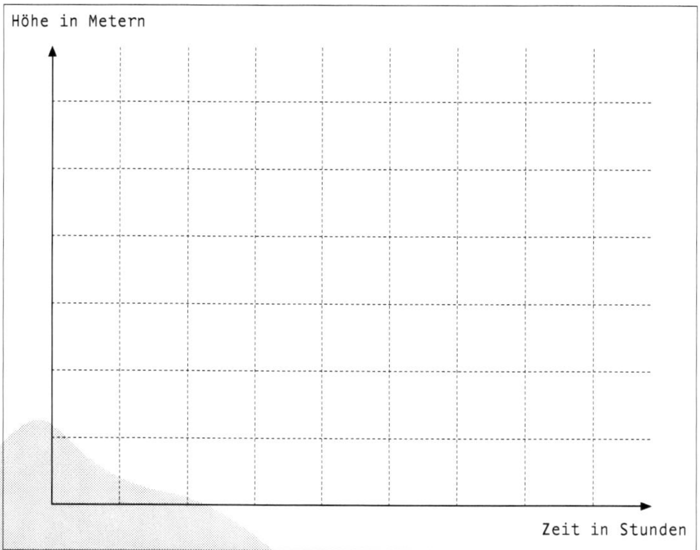

Kommentare:

Etappen

Notizen, Gedanken, Fotos...

Tour Nr. 3

Romantik	♡♡♡♡♡
Schwierigkeit	☆☆☆☆☆
Kondition	☆☆☆☆☆
Frequentierung	☆☆☆☆☆
Landschaft	☆☆☆☆☆
Gesamtbewertung	☆☆☆☆☆

Name der Tour

Gipfel/Gebirge

Ausgangspunkt

Möchten wir gerne wiederholen ☐ JA ☐ NEIN

Art der Tour

Datum

Höhenmeter | Distanz

Weitere Begleiter

Aufstiegszeit | Abstiegszeit | Gesamtzeit

Wetterverhältnisse

Hütten/Einkehrmöglichkeiten

Stempel

Highlights

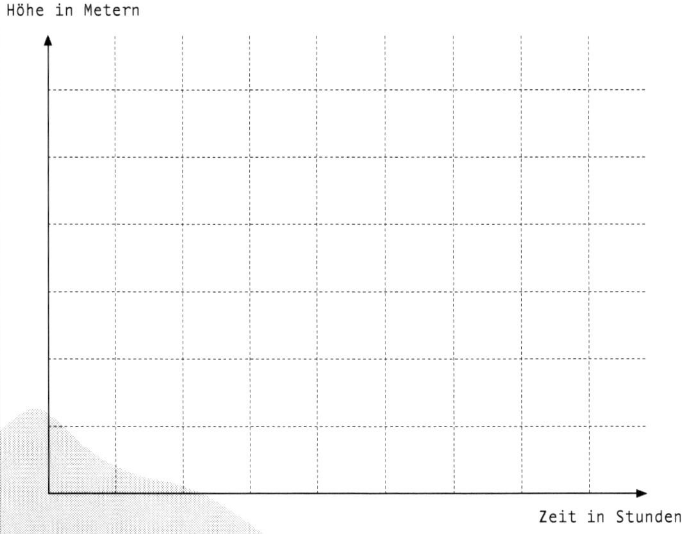

Kommentare:

Etappen

Notizen, Gedanken, Fotos...

Tour Nr. 4

Romantik	♡ ♡ ♡ ♡ ♡
Schwierigkeit	☆ ☆ ☆ ☆ ☆
Kondition	☆ ☆ ☆ ☆ ☆
Frequentierung	☆ ☆ ☆ ☆ ☆
Landschaft	☆ ☆ ☆ ☆ ☆
Gesamtbewertung	☆ ☆ ☆ ☆ ☆

Name der Tour

Gipfel/Gebirge

Ausgangspunkt

Möchten wir gerne wiederholen ☐ JA ☐ NEIN

Art der Tour

Datum

Höhenmeter

Distanz

Weitere Begleiter

Aufstiegszeit

Abstiegszeit

Gesamtzeit

Wetterverhältnisse

Hütten/Einkehrmöglichkeiten

Stempel

Highlights

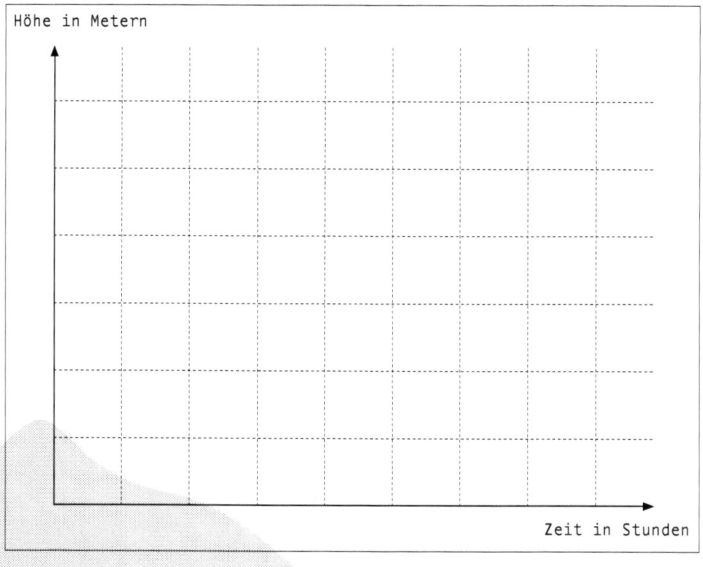

Kommentare:

Etappen

Notizen, Gedanken, Fotos...

Tour Nr. 5

Romantik	♡♡♡♡♡
Schwierigkeit	☆☆☆☆☆
Kondition	☆☆☆☆☆
Frequentierung	☆☆☆☆☆
Landschaft	☆☆☆☆☆
Gesamtbewertung	☆☆☆☆☆

Name der Tour

Gipfel/Gebirge

Ausgangspunkt

Möchten wir gerne wiederholen ☐ JA ☐ NEIN

Art der Tour

Höhenmeter | Distanz

Aufstiegszeit | Abstiegszeit | Gesamtzeit

Datum

Weitere Begleiter

Wetterverhältnisse

Hütten/Einkehrmöglichkeiten

Stempel

Highlights

Höhe in Metern

Zeit in Stunden

Kommentare:

Etappen

Notizen, Gedanken, Fotos...

Tour Nr. 6

Name der Tour

Gipfel/Gebirge

Ausgangspunkt

Romantik ♡♡♡♡♡

Schwierigkeit ☆☆☆☆☆

Kondition ☆☆☆☆☆

Frequentierung ☆☆☆☆☆

Landschaft ☆☆☆☆☆

Gesamtbewertung ☆☆☆☆☆

Möchten wir gerne wiederholen ☐ JA ☐ NEIN

Art der Tour

Datum

Höhenmeter	Distanz

Weitere Begleiter

Aufstiegszeit	Abstiegszeit	Gesamtzeit

Wetterverhältnisse

Hütten/Einkehrmöglichkeiten

Stempel

Highlights

Höhe in Metern

Zeit in Stunden

Kommentare:

Etappen

Notizen, Gedanken, Fotos...

Tour Nr. 7

Romantik	♡ ♡ ♡ ♡ ♡
Schwierigkeit	☆ ☆ ☆ ☆ ☆
Kondition	☆ ☆ ☆ ☆ ☆
Frequentierung	☆ ☆ ☆ ☆ ☆
Landschaft	☆ ☆ ☆ ☆ ☆
Gesamtbewertung	☆ ☆ ☆ ☆ ☆

Name der Tour

Gipfel/Gebirge

Ausgangspunkt

Möchten wir gerne wiederholen ☐ JA ☐ NEIN

Art der Tour

Datum

Höhenmeter	Distanz	
Aufstiegszeit	Abstiegszeit	Gesamtzeit

Weitere Begleiter

Wetterverhältnisse

Hütten/Einkehrmöglichkeiten

Stempel

Highlights

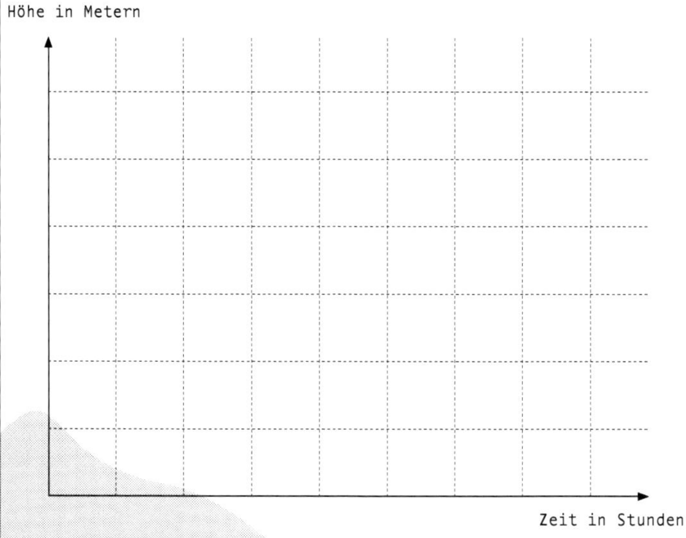

Kommentare:

Etappen

Notizen, Gedanken, Fotos...

Tour Nr. 8

Romantik	♡♡♡♡♡
Schwierigkeit	☆☆☆☆☆
Kondition	☆☆☆☆☆
Frequentierung	☆☆☆☆☆
Landschaft	☆☆☆☆☆
Gesamtbewertung	☆☆☆☆☆

Möchten wir gerne wiederholen ☐ JA ☐ NEIN

Name der Tour

Gipfel/Gebirge

Ausgangspunkt

Art der Tour

Höhenmeter | Distanz

Aufstiegszeit | Abstiegszeit | Gesamtzeit

Datum

Weitere Begleiter

Wetterverhältnisse

Hütten/Einkehrmöglichkeiten

Stempel

Highlights

Höhe in Metern

Zeit in Stunden

Kommentare:

Etappen

Notizen, Gedanken, Fotos...

Tour Nr. 9

Romantik	♡♡♡♡♡
Schwierigkeit	☆☆☆☆☆
Kondition	☆☆☆☆☆
Frequentierung	☆☆☆☆☆
Landschaft	☆☆☆☆☆
Gesamtbewertung	☆☆☆☆☆

Möchten wir gerne wiederholen ☐ JA ☐ NEIN

Name der Tour

Gipfel/Gebirge

Ausgangspunkt

Art der Tour

Höhenmeter

Distanz

Aufstiegszeit

Abstiegszeit

Gesamtzeit

Datum

Weitere Begleiter

Wetterverhältnisse

Hütten/Einkehrmöglichkeiten

Stempel

Highlights

Höhe in Metern

Zeit in Stunden

Kommentare:

Etappen

Notizen, Gedanken, Fotos...

Tour Nr. 10

Romantik ♡♡♡♡♡

Schwierigkeit ☆☆☆☆☆

Kondition ☆☆☆☆☆

Frequentierung ☆☆☆☆☆

Landschaft ☆☆☆☆☆

Gesamtbewertung ☆☆☆☆☆

Name der Tour

Gipfel/Gebirge

Ausgangspunkt

Möchten wir gerne wiederholen ☐ JA ☐ NEIN

Art der Tour

Datum

Höhenmeter | Distanz

Weitere Begleiter

Aufstiegszeit | Abstiegszeit | Gesamtzeit

Wetterverhältnisse

Hütten/Einkehrmöglichkeiten

Stempel

Highlights

Höhe in Metern

Zeit in Stunden

Kommentare:

Etappen

Notizen, Gedanken, Fotos...

Tour Nr. 11

Romantik	♡♡♡♡♡
Schwierigkeit	☆☆☆☆☆
Kondition	☆☆☆☆☆
Frequentierung	☆☆☆☆☆
Landschaft	☆☆☆☆☆
Gesamtbewertung	☆☆☆☆☆

Name der Tour

Gipfel/Gebirge

Ausgangspunkt

Möchten wir gerne wiederholen ☐ JA ☐ NEIN

Art der Tour

Datum

Höhenmeter

Distanz

Weitere Begleiter

Aufstiegszeit

Abstiegszeit

Gesamtzeit

Wetterverhältnisse

Hütten/Einkehrmöglichkeiten

Stempel

Highlights

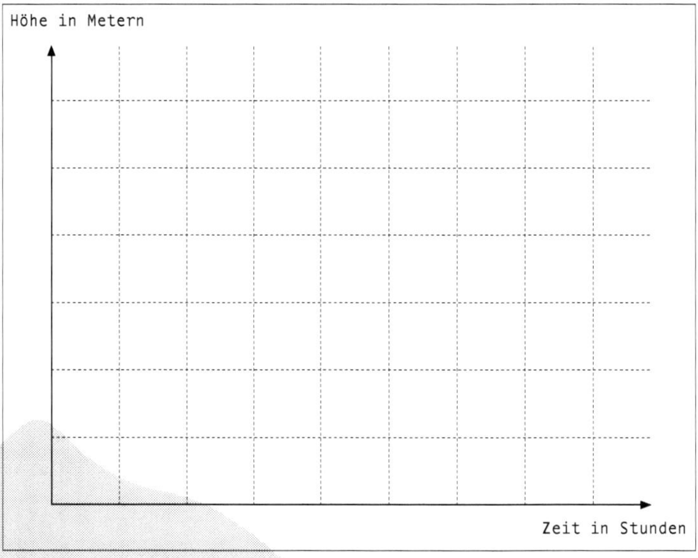

Kommentare:

Etappen

Notizen, Gedanken, Fotos...

Tour Nr. 12

Romantik	♡♡♡♡♡
Schwierigkeit	☆☆☆☆☆
Kondition	☆☆☆☆☆
Frequentierung	☆☆☆☆☆
Landschaft	☆☆☆☆☆
Gesamtbewertung	☆☆☆☆☆

Name der Tour

Gipfel/Gebirge

Ausgangspunkt

Möchten wir gerne wiederholen ☐ JA ☐ NEIN

Art der Tour

Datum

Höhenmeter | Distanz

Weitere Begleiter

Aufstiegszeit | Abstiegszeit | Gesamtzeit

Wetterverhältnisse

Hütten/Einkehrmöglichkeiten

Stempel

Highlights

Höhe in Metern

Zeit in Stunden

Kommentare:

Etappen

Notizen, Gedanken, Fotos...

Tour Nr. 13

Romantik	♡♡♡♡♡
Schwierigkeit	☆☆☆☆☆
Kondition	☆☆☆☆☆
Frequentierung	☆☆☆☆☆
Landschaft	☆☆☆☆☆
Gesamtbewertung	☆☆☆☆☆

Name der Tour

Gipfel/Gebirge

Ausgangspunkt

Möchten wir gerne wiederholen ☐ JA ☐ NEIN

Art der Tour

Datum

Höhenmeter | Distanz

Weitere Begleiter

Aufstiegszeit | Abstiegszeit | Gesamtzeit

Wetterverhältnisse

Hütten/Einkehrmöglichkeiten

Stempel

Highlights

Höhe in Metern

Zeit in Stunden

Kommentare:

Etappen

Notizen, Gedanken, Fotos...

Tour Nr. 14

Name der Tour

Gipfel/Gebirge

Ausgangspunkt

Romantik	♡ ♡ ♡ ♡ ♡
Schwierigkeit	☆ ☆ ☆ ☆ ☆
Kondition	☆ ☆ ☆ ☆ ☆
Frequentierung	☆ ☆ ☆ ☆ ☆
Landschaft	☆ ☆ ☆ ☆ ☆
Gesamtbewertung	☆ ☆ ☆ ☆ ☆

Möchten wir gerne wiederholen ☐ JA ☐ NEIN

Art der Tour

Höhenmeter | Distanz

Aufstiegszeit | Abstiegszeit | Gesamtzeit

Datum

Weitere Begleiter

Wetterverhältnisse

Hütten/Einkehrmöglichkeiten

Stempel

Highlights

Höhe in Metern

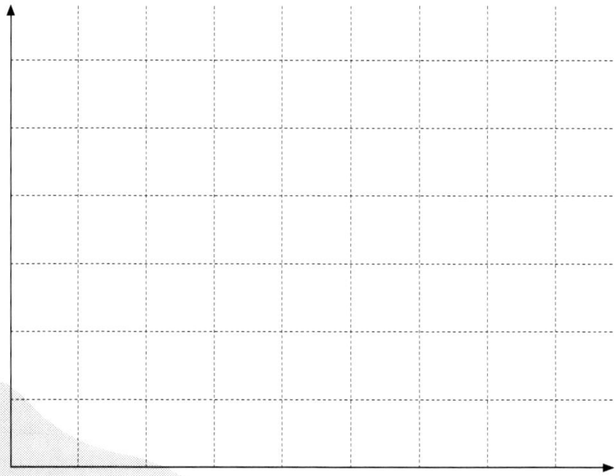

Zeit in Stunden

Kommentare:

Etappen

Notizen, Gedanken, Fotos...

Tour Nr. 15

Romantik	♡♡♡♡♡
Schwierigkeit	☆☆☆☆☆
Kondition	☆☆☆☆☆
Frequentierung	☆☆☆☆☆
Landschaft	☆☆☆☆☆
Gesamtbewertung	☆☆☆☆☆

Name der Tour

Gipfel/Gebirge

Ausgangspunkt

Möchten wir gerne wiederholen ☐ JA ☐ NEIN

Art der Tour

Datum

Höhenmeter

Distanz

Weitere Begleiter

Aufstiegszeit

Abstiegszeit

Gesamtzeit

Wetterverhältnisse

Hütten/Einkehrmöglichkeiten

Stempel

Highlights

Höhe in Metern

Zeit in Stunden

Kommentare:

Etappen

Notizen, Gedanken, Fotos...

Tour Nr. 16

Romantik	♡♡♡♡♡
Schwierigkeit	☆☆☆☆☆
Kondition	☆☆☆☆☆
Frequentierung	☆☆☆☆☆
Landschaft	☆☆☆☆☆
Gesamtbewertung	☆☆☆☆☆

Name der Tour

Gipfel/Gebirge

Ausgangspunkt

Möchten wir gerne wiederholen ☐ JA ☐ NEIN

Art der Tour

Datum

Höhenmeter

Distanz

Weitere Begleiter

Aufstiegszeit

Abstiegszeit

Gesamtzeit

Wetterverhältnisse

Hütten/Einkehrmöglichkeiten

Stempel

Highlights

Höhe in Metern

Zeit in Stunden

Kommentare:

Etappen

Notizen, Gedanken, Fotos...

Tour Nr. 17

Romantik	♡ ♡ ♡ ♡ ♡
Schwierigkeit	☆ ☆ ☆ ☆ ☆
Kondition	☆ ☆ ☆ ☆ ☆
Frequentierung	☆ ☆ ☆ ☆ ☆
Landschaft	☆ ☆ ☆ ☆ ☆
Gesamtbewertung	☆ ☆ ☆ ☆ ☆

Name der Tour

Gipfel/Gebirge

Ausgangspunkt

Möchten wir gerne wiederholen ☐ JA ☐ NEIN

Art der Tour

Datum

Höhenmeter

Distanz

Weitere Begleiter

Aufstiegszeit

Abstiegszeit

Gesamtzeit

Wetterverhältnisse

Hütten/Einkehrmöglichkeiten

Stempel

Highlights

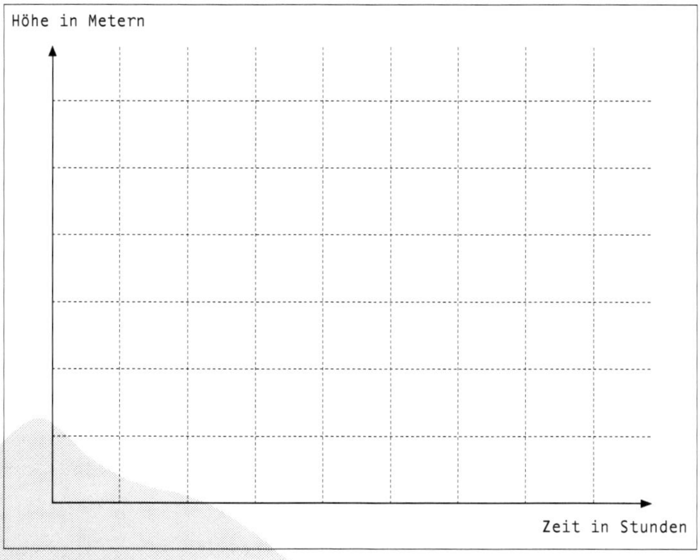

Kommentare:

Etappen

Notizen, Gedanken, Fotos...

Tour Nr. 18

Romantik	♡♡♡♡♡
Schwierigkeit	☆☆☆☆☆
Kondition	☆☆☆☆☆
Frequentierung	☆☆☆☆☆
Landschaft	☆☆☆☆☆
Gesamtbewertung	☆☆☆☆☆

Name der Tour

Gipfel/Gebirge

Ausgangspunkt

Möchten wir gerne wiederholen ☐ JA ☐ NEIN

Art der Tour

Datum

Höhenmeter

Distanz

Weitere Begleiter

Aufstiegszeit

Abstiegszeit

Gesamtzeit

Wetterverhältnisse

Hütten/Einkehrmöglichkeiten

Stempel

Highlights

Höhe in Metern

Zeit in Stunden

Kommentare:

Etappen

Notizen, Gedanken, Fotos...

Tour Nr. 19

Romantik	♡♡♡♡♡
Schwierigkeit	☆☆☆☆☆
Kondition	☆☆☆☆☆
Frequentierung	☆☆☆☆☆
Landschaft	☆☆☆☆☆
Gesamtbewertung	☆☆☆☆☆

Name der Tour

Gipfel/Gebirge

Ausgangspunkt

Möchten wir gerne wiederholen ☐ JA ☐ NEIN

Art der Tour

Datum

Höhenmeter | Distanz

Weitere Begleiter

Aufstiegszeit | Abstiegszeit | Gesamtzeit

Wetterverhältnisse

Hütten/Einkehrmöglichkeiten

Stempel

Highlights

Höhe in Metern

Zeit in Stunden

Kommentare:

Etappen

Notizen, Gedanken, Fotos...

Tour Nr. 20

Romantik	♡♡♡♡♡
Schwierigkeit	☆☆☆☆☆
Kondition	☆☆☆☆☆
Frequentierung	☆☆☆☆☆
Landschaft	☆☆☆☆☆
Gesamtbewertung	☆☆☆☆☆

Name der Tour

Gipfel/Gebirge

Ausgangspunkt

Möchten wir gerne wiederholen ☐ JA ☐ NEIN

Art der Tour

Datum

Höhenmeter | Distanz

Weitere Begleiter

Aufstiegszeit | Abstiegszeit | Gesamtzeit

Wetterverhältnisse

Hütten/Einkehrmöglichkeiten

Stempel

Highlights

Höhe in Metern

Zeit in Stunden

Kommentare:

Etappen

Notizen, Gedanken, Fotos...

Tour Nr. 21

Romantik	♡♡♡♡♡
Schwierigkeit	☆☆☆☆☆
Kondition	☆☆☆☆☆
Frequentierung	☆☆☆☆☆
Landschaft	☆☆☆☆☆
Gesamtbewertung	☆☆☆☆☆

Name der Tour

Gipfel/Gebirge

Ausgangspunkt

Möchten wir gerne wiederholen ☐ JA ☐ NEIN

Art der Tour

Datum

Höhenmeter

Distanz

Weitere Begleiter

Aufstiegszeit

Abstiegszeit

Gesamtzeit

Wetterverhältnisse

Hütten/Einkehrmöglichkeiten

Stempel

Highlights

Höhe in Metern

Zeit in Stunden

Kommentare:

Etappen

Notizen, Gedanken, Fotos...

Tour Nr. 22

Romantik	♡ ♡ ♡ ♡ ♡
Schwierigkeit	☆ ☆ ☆ ☆ ☆
Kondition	☆ ☆ ☆ ☆ ☆
Frequentierung	☆ ☆ ☆ ☆ ☆
Landschaft	☆ ☆ ☆ ☆ ☆
Gesamtbewertung	☆ ☆ ☆ ☆ ☆

Name der Tour

Gipfel/Gebirge

Ausgangspunkt

Möchten wir gerne wiederholen ☐ JA ☐ NEIN

Art der Tour

Höhenmeter

Distanz

Aufstiegszeit

Abstiegszeit

Gesamtzeit

Datum

Weitere Begleiter

Wetterverhältnisse

Hütten/Einkehrmöglichkeiten

Stempel

Highlights

Höhe in Metern

Zeit in Stunden

Kommentare:

Etappen

Notizen, Gedanken, Fotos...

Tour Nr. 23

Name der Tour

Gipfel/Gebirge

Ausgangspunkt

Romantik	♡ ♡ ♡ ♡ ♡
Schwierigkeit	☆ ☆ ☆ ☆ ☆
Kondition	☆ ☆ ☆ ☆ ☆
Frequentierung	☆ ☆ ☆ ☆ ☆
Landschaft	☆ ☆ ☆ ☆ ☆
Gesamtbewertung	☆ ☆ ☆ ☆ ☆

Möchten wir gerne wiederholen ☐ JA ☐ NEIN

Art der Tour

Datum

Höhenmeter	Distanz

Aufstiegszeit	Abstiegszeit	Gesamtzeit

Weitere Begleiter

Wetterverhältnisse

Hütten/Einkehrmöglichkeiten

Stempel

Highlights

Höhe in Metern

Zeit in Stunden

Kommentare:

Etappen

Notizen, Gedanken, Fotos...

Tour Nr. 24

Name der Tour

Gipfel/Gebirge

Ausgangspunkt

Romantik ♡♡♡♡♡

Schwierigkeit ☆☆☆☆☆

Kondition ☆☆☆☆☆

Frequentierung ☆☆☆☆☆

Landschaft ☆☆☆☆☆

Gesamtbewertung ☆☆☆☆☆

Möchten wir gerne wiederholen ☐ JA ☐ NEIN

Art der Tour

Höhenmeter | Distanz

Aufstiegszeit | Abstiegszeit | Gesamtzeit

Datum

Weitere Begleiter

Wetterverhältnisse

Hütten/Einkehrmöglichkeiten

Stempel

Highlights

Höhe in Metern

Zeit in Stunden

Kommentare:

Etappen

Notizen, Gedanken, Fotos...

Tour Nr. 25

Name der Tour

Gipfel/Gebirge

Ausgangspunkt

Romantik	♡♡♡♡♡
Schwierigkeit	☆☆☆☆☆
Kondition	☆☆☆☆☆
Frequentierung	☆☆☆☆☆
Landschaft	☆☆☆☆☆
Gesamtbewertung	☆☆☆☆☆

Möchten wir gerne wiederholen ☐ JA ☐ NEIN

Art der Tour

Höhenmeter | Distanz

Aufstiegszeit | Abstiegszeit | Gesamtzeit

Datum

Weitere Begleiter

Wetterverhältnisse

Hütten/Einkehrmöglichkeiten

Stempel

Highlights

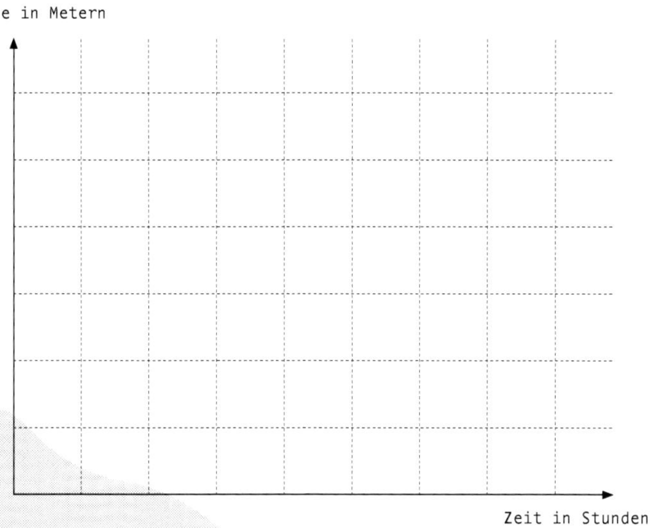

Kommentare:

Etappen

Notizen, Gedanken, Fotos...

Tour Nr. 26

Romantik	♡♡♡♡♡
Schwierigkeit	☆☆☆☆☆
Kondition	☆☆☆☆☆
Frequentierung	☆☆☆☆☆
Landschaft	☆☆☆☆☆
Gesamtbewertung	☆☆☆☆☆

Name der Tour

Gipfel/Gebirge

Ausgangspunkt

Möchten wir gerne wiederholen ☐ JA ☐ NEIN

Art der Tour

Datum

Höhenmeter	Distanz	
Aufstiegszeit	Abstiegszeit	Gesamtzeit

Weitere Begleiter

Wetterverhältnisse

Hütten/Einkehrmöglichkeiten

Stempel

Highlights

Höhe in Metern

Zeit in Stunden

Kommentare:

Etappen

Notizen, Gedanken, Fotos...

Tour Nr. 27

Romantik	♡♡♡♡♡
Schwierigkeit	☆☆☆☆☆
Kondition	☆☆☆☆☆
Frequentierung	☆☆☆☆☆
Landschaft	☆☆☆☆☆
Gesamtbewertung	☆☆☆☆☆

Name der Tour

Gipfel/Gebirge

Ausgangspunkt

Möchten wir gerne wiederholen ☐ JA ☐ NEIN

Art der Tour

Datum

Höhenmeter

Distanz

Weitere Begleiter

Aufstiegszeit

Abstiegszeit

Gesamtzeit

Wetterverhältnisse

Hütten/Einkehrmöglichkeiten

Stempel

Highlights

Höhe in Metern

Zeit in Stunden

Kommentare:

Etappen

Notizen, Gedanken, Fotos...

Tour Nr. 28

Romantik	♡♡♡♡♡
Schwierigkeit	☆☆☆☆☆
Kondition	☆☆☆☆☆
Frequentierung	☆☆☆☆☆
Landschaft	☆☆☆☆☆
Gesamtbewertung	☆☆☆☆☆

Name der Tour

Gipfel/Gebirge

Ausgangspunkt

Möchten wir gerne wiederholen ☐ JA ☐ NEIN

Art der Tour

Datum

Höhenmeter | Distanz

Weitere Begleiter

Aufstiegszeit | Abstiegszeit | Gesamtzeit

Wetterverhältnisse

Hütten/Einkehrmöglichkeiten

Stempel

Highlights

Höhe in Metern

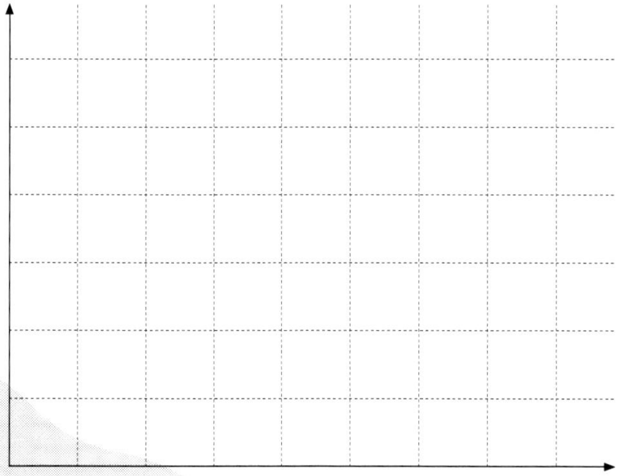

Zeit in Stunden

Kommentare:

Etappen

Notizen, Gedanken, Fotos...

Tour Nr. 29

Romantik	♡ ♡ ♡ ♡ ♡
Schwierigkeit	☆ ☆ ☆ ☆ ☆
Kondition	☆ ☆ ☆ ☆ ☆
Frequentierung	☆ ☆ ☆ ☆ ☆
Landschaft	☆ ☆ ☆ ☆ ☆
Gesamtbewertung	☆ ☆ ☆ ☆ ☆

Name der Tour

Gipfel/Gebirge

Ausgangspunkt

Möchten wir gerne wiederholen ☐ JA ☐ NEIN

Art der Tour

Datum

Höhenmeter	Distanz

Aufstiegszeit	Abstiegszeit	Gesamtzeit

Weitere Begleiter

Wetterverhältnisse

Hütten/Einkehrmöglichkeiten

Stempel

Highlights

Höhe in Metern

Zeit in Stunden

Kommentare:

Etappen

Notizen, Gedanken, Fotos...

Tour Nr. 30

Romantik	♡♡♡♡♡
Schwierigkeit	☆☆☆☆☆
Kondition	☆☆☆☆☆
Frequentierung	☆☆☆☆☆
Landschaft	☆☆☆☆☆
Gesamtbewertung	☆☆☆☆☆

Name der Tour

Gipfel/Gebirge

Ausgangspunkt

Möchten wir gerne wiederholen ☐ JA ☐ NEIN

Art der Tour

Datum

Höhenmeter | Distanz

Weitere Begleiter

Aufstiegszeit | Abstiegszeit | Gesamtzeit

Wetterverhältnisse

Hütten/Einkehrmöglichkeiten

Stempel

Highlights

Höhe in Metern

Zeit in Stunden

Kommentare:

Etappen

Notizen, Gedanken, Fotos...

Tour Nr. 31

Name der Tour

Gipfel/Gebirge

Ausgangspunkt

Romantik ♡♡♡♡♡

Schwierigkeit ☆☆☆☆☆

Kondition ☆☆☆☆☆

Frequentierung ☆☆☆☆☆

Landschaft ☆☆☆☆☆

Gesamtbewertung ☆☆☆☆☆

Möchten wir gerne wiederholen ☐ JA ☐ NEIN

Art der Tour

Höhenmeter | Distanz

Aufstiegszeit | Abstiegszeit | Gesamtzeit

Datum

Weitere Begleiter

Wetterverhältnisse

Hütten/Einkehrmöglichkeiten

Stempel

Highlights

Höhe in Metern

Zeit in Stunden

Kommentare:

Etappen

Notizen, Gedanken, Fotos...

Tour Nr. 32

Romantik	♡♡♡♡♡
Schwierigkeit	☆☆☆☆☆
Kondition	☆☆☆☆☆
Frequentierung	☆☆☆☆☆
Landschaft	☆☆☆☆☆
Gesamtbewertung	☆☆☆☆☆

Name der Tour

Gipfel/Gebirge

Ausgangspunkt

Möchten wir gerne wiederholen ☐ JA ☐ NEIN

Art der Tour

Datum

Höhenmeter

Distanz

Weitere Begleiter

Aufstiegszeit

Abstiegszeit

Gesamtzeit

Wetterverhältnisse

Hütten/Einkehrmöglichkeiten

Stempel

Highlights

Höhe in Metern

Zeit in Stunden

Kommentare:

Etappen

Notizen, Gedanken, Fotos...

Tour Nr. 33

Romantik	♡♡♡♡♡
Schwierigkeit	☆☆☆☆☆
Kondition	☆☆☆☆☆
Frequentierung	☆☆☆☆☆
Landschaft	☆☆☆☆☆
Gesamtbewertung	☆☆☆☆☆

Name der Tour

Gipfel/Gebirge

Ausgangspunkt

Möchten wir gerne wiederholen ☐ JA ☐ NEIN

Art der Tour

Datum

Höhenmeter | Distanz

Weitere Begleiter

Aufstiegszeit | Abstiegszeit | Gesamtzeit

Wetterverhältnisse

Hütten/Einkehrmöglichkeiten

Stempel

Highlights

Höhe in Metern

Zeit in Stunden

Kommentare:

Etappen

Notizen, Gedanken, Fotos...

Tour Nr. 34

Name der Tour
Gipfel/Gebirge
Ausgangspunkt

Romantik	♡♡♡♡♡
Schwierigkeit	☆☆☆☆☆
Kondition	☆☆☆☆☆
Frequentierung	☆☆☆☆☆
Landschaft	☆☆☆☆☆
Gesamtbewertung	☆☆☆☆☆

Möchten wir gerne wiederholen ☐ JA ☐ NEIN

Art der Tour

Höhenmeter	Distanz	
Aufstiegszeit	Abstiegszeit	Gesamtzeit

Datum

Weitere Begleiter

Wetterverhältnisse

Hütten/Einkehrmöglichkeiten

Stempel

Highlights

Höhe in Metern

Zeit in Stunden

Kommentare:

Etappen

Notizen, Gedanken, Fotos...

Tour Nr. 35

Romantik	♡ ♡ ♡ ♡ ♡
Schwierigkeit	☆ ☆ ☆ ☆ ☆
Kondition	☆ ☆ ☆ ☆ ☆
Frequentierung	☆ ☆ ☆ ☆ ☆
Landschaft	☆ ☆ ☆ ☆ ☆
Gesamtbewertung	☆ ☆ ☆ ☆ ☆

Name der Tour

Gipfel/Gebirge

Ausgangspunkt

Möchten wir gerne wiederholen ☐ JA ☐ NEIN

Art der Tour

Datum

Höhenmeter

Distanz

Weitere Begleiter

Aufstiegszeit

Abstiegszeit

Gesamtzeit

Wetterverhältnisse

Hütten/Einkehrmöglichkeiten

Stempel

Highlights

Höhe in Metern

Zeit in Stunden

Kommentare:

Etappen

Notizen, Gedanken, Fotos...

Tour Nr. 36

Romantik	♡♡♡♡♡
Schwierigkeit	☆☆☆☆☆
Kondition	☆☆☆☆☆
Frequentierung	☆☆☆☆☆
Landschaft	☆☆☆☆☆
Gesamtbewertung	☆☆☆☆☆

Name der Tour

Gipfel/Gebirge

Ausgangspunkt

Möchten wir gerne wiederholen ☐ JA ☐ NEIN

Art der Tour

Datum

Höhenmeter	Distanz	
Aufstiegszeit	Abstiegszeit	Gesamtzeit

Weitere Begleiter

Wetterverhältnisse

Hütten/Einkehrmöglichkeiten

Stempel

Highlights

Höhe in Metern

Zeit in Stunden

Kommentare:

Etappen

Notizen, Gedanken, Fotos...

Tour Nr. 37

Romantik	♡♡♡♡♡
Schwierigkeit	☆☆☆☆☆
Kondition	☆☆☆☆☆
Frequentierung	☆☆☆☆☆
Landschaft	☆☆☆☆☆
Gesamtbewertung	☆☆☆☆☆

Möchten wir gerne wiederholen ☐ JA ☐ NEIN

Name der Tour

Gipfel/Gebirge

Ausgangspunkt

Art der Tour

Datum

Höhenmeter | Distanz

Weitere Begleiter

Aufstiegszeit | Abstiegszeit | Gesamtzeit

Wetterverhältnisse

Hütten/Einkehrmöglichkeiten

Stempel

Highlights

Höhe in Metern

Zeit in Stunden

Kommentare:

Etappen

Notizen, Gedanken, Fotos...

Tour Nr. 38

Romantik	♡♡♡♡♡
Schwierigkeit	☆☆☆☆☆
Kondition	☆☆☆☆☆
Frequentierung	☆☆☆☆☆
Landschaft	☆☆☆☆☆
Gesamtbewertung	☆☆☆☆☆

Name der Tour

Gipfel/Gebirge

Ausgangspunkt

Möchten wir gerne wiederholen ☐ JA ☐ NEIN

Art der Tour

Datum

Höhenmeter

Distanz

Weitere Begleiter

Aufstiegszeit

Abstiegszeit

Gesamtzeit

Wetterverhältnisse

Hütten/Einkehrmöglichkeiten

Stempel

Highlights

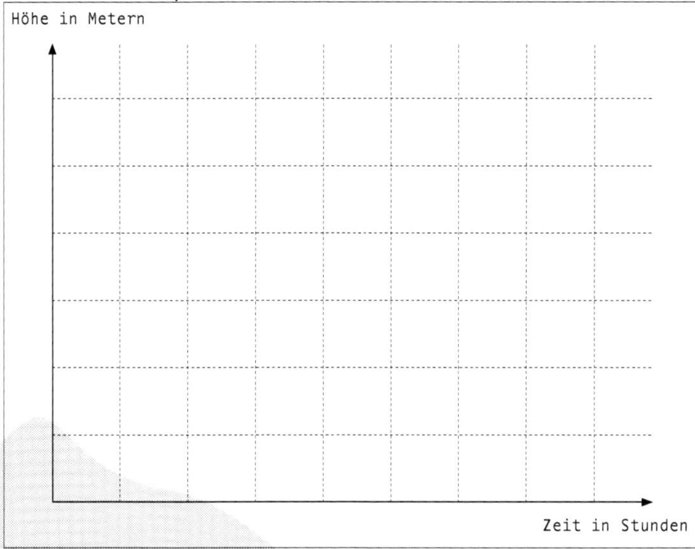

Kommentare:

Etappen

Notizen, Gedanken, Fotos...

Tour Nr. 39

Romantik	♡ ♡ ♡ ♡ ♡
Schwierigkeit	☆ ☆ ☆ ☆ ☆
Kondition	☆ ☆ ☆ ☆ ☆
Frequentierung	☆ ☆ ☆ ☆ ☆
Landschaft	☆ ☆ ☆ ☆ ☆
Gesamtbewertung	☆ ☆ ☆ ☆ ☆

Name der Tour

Gipfel/Gebirge

Ausgangspunkt

Möchten wir gerne wiederholen ☐ JA ☐ NEIN

Art der Tour

Datum

Höhenmeter | Distanz

Aufstiegszeit | Abstiegszeit | Gesamtzeit

Weitere Begleiter

Wetterverhältnisse

Hütten/Einkehrmöglichkeiten

Stempel

Highlights

Höhe in Metern

Zeit in Stunden

Kommentare:

Etappen

Notizen, Gedanken, Fotos...

Tour Nr. 40

Romantik ♡♡♡♡♡

Schwierigkeit ☆☆☆☆☆

Kondition ☆☆☆☆☆

Frequentierung ☆☆☆☆☆

Landschaft ☆☆☆☆☆

Gesamtbewertung ☆☆☆☆☆

Name der Tour

Gipfel/Gebirge

Ausgangspunkt

Möchten wir gerne wiederholen ☐ JA ☐ NEIN

Art der Tour

Datum

Höhenmeter

Distanz

Weitere Begleiter

Aufstiegszeit

Abstiegszeit

Gesamtzeit

Wetterverhältnisse

Hütten/Einkehrmöglichkeiten

Stempel

Highlights

Höhe in Metern

Zeit in Stunden

Kommentare:

Etappen

Notizen, Gedanken, Fotos...

Tour Nr. 41

Name der Tour

Gipfel/Gebirge

Ausgangspunkt

Romantik ♡♡♡♡♡

Schwierigkeit ☆☆☆☆☆

Kondition ☆☆☆☆☆

Frequentierung ☆☆☆☆☆

Landschaft ☆☆☆☆☆

Gesamtbewertung ☆☆☆☆☆

Möchten wir gerne wiederholen ☐ JA ☐ NEIN

Art der Tour

Höhenmeter	Distanz

Aufstiegszeit	Abstiegszeit	Gesamtzeit

Datum

Weitere Begleiter

Wetterverhältnisse

Hütten/Einkehrmöglichkeiten

Stempel

Highlights

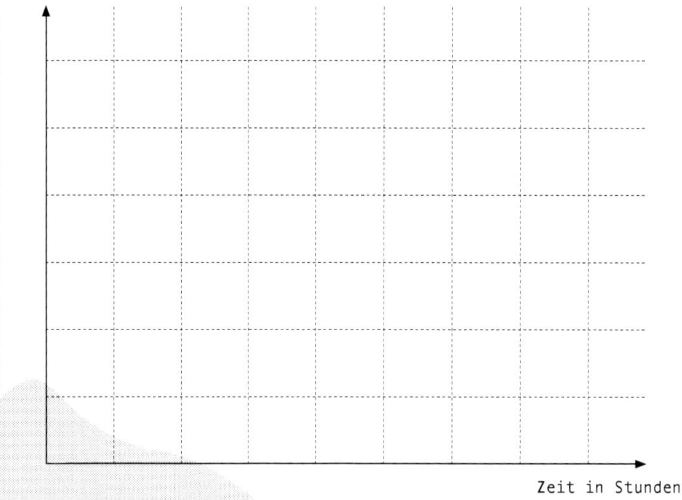

Kommentare:

Etappen

Notizen, Gedanken, Fotos...

Tour Nr. 42

Romantik	♡♡♡♡♡
Schwierigkeit	☆☆☆☆☆
Kondition	☆☆☆☆☆
Frequentierung	☆☆☆☆☆
Landschaft	☆☆☆☆☆
Gesamtbewertung	☆☆☆☆☆

Name der Tour

Gipfel/Gebirge

Ausgangspunkt

Möchten wir gerne wiederholen ☐ JA ☐ NEIN

Art der Tour

Datum

Höhenmeter | Distanz

Weitere Begleiter

Aufstiegszeit | Abstiegszeit | Gesamtzeit

Wetterverhältnisse

Hütten/Einkehrmöglichkeiten

Stempel

Highlights

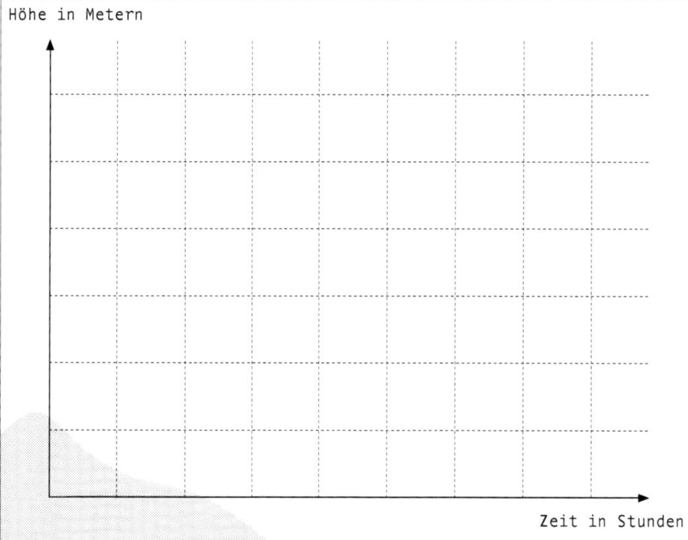

Kommentare:

Etappen

Notizen, Gedanken, Fotos...

Tour Nr. 43

Romantik	♡♡♡♡♡
Schwierigkeit	☆☆☆☆☆
Kondition	☆☆☆☆☆
Frequentierung	☆☆☆☆☆
Landschaft	☆☆☆☆☆
Gesamtbewertung	☆☆☆☆☆

Name der Tour

Gipfel/Gebirge

Ausgangspunkt

Möchten wir gerne wiederholen ☐ JA ☐ NEIN

Art der Tour

Datum

Höhenmeter | Distanz

Weitere Begleiter

Aufstiegszeit | Abstiegszeit | Gesamtzeit

Wetterverhältnisse

Hütten/Einkehrmöglichkeiten

Stempel

Highlights

Höhe in Metern

Zeit in Stunden

Kommentare:

Etappen

Notizen, Gedanken, Fotos...

Tour Nr. 44

Romantik	♡♡♡♡♡
Schwierigkeit	☆☆☆☆☆
Kondition	☆☆☆☆☆
Frequentierung	☆☆☆☆☆
Landschaft	☆☆☆☆☆
Gesamtbewertung	☆☆☆☆☆

Möchten wir gerne wiederholen ☐ JA ☐ NEIN

Name der Tour

Gipfel/Gebirge

Ausgangspunkt

Art der Tour

Datum

Höhenmeter	Distanz

Weitere Begleiter

Aufstiegszeit	Abstiegszeit	Gesamtzeit

Wetterverhältnisse

Hütten/Einkehrmöglichkeiten

Stempel

Highlights

Höhe in Metern

Zeit in Stunden

Kommentare:

Etappen

Notizen, Gedanken, Fotos...

Tour Nr. 45

Romantik	♡♡♡♡♡
Schwierigkeit	☆☆☆☆☆
Kondition	☆☆☆☆☆
Frequentierung	☆☆☆☆☆
Landschaft	☆☆☆☆☆
Gesamtbewertung	☆☆☆☆☆

Name der Tour

Gipfel/Gebirge

Ausgangspunkt

Möchten wir gerne wiederholen ☐ JA ☐ NEIN

Art der Tour

Datum

Höhenmeter | Distanz

Weitere Begleiter

Aufstiegszeit | Abstiegszeit | Gesamtzeit

Wetterverhältnisse

Hütten/Einkehrmöglichkeiten

Stempel

Highlights

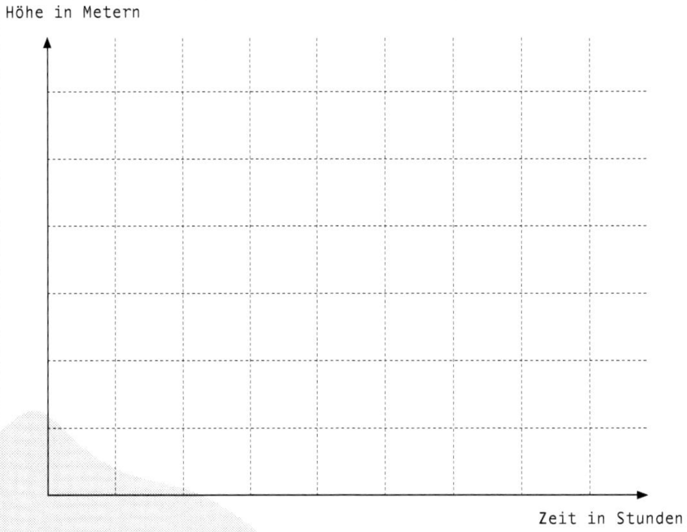

Kommentare:

Etappen

Notizen, Gedanken, Fotos...

Tour Nr. 46

Romantik	♡♡♡♡♡
Schwierigkeit	☆☆☆☆☆
Kondition	☆☆☆☆☆
Frequentierung	☆☆☆☆☆
Landschaft	☆☆☆☆☆
Gesamtbewertung	☆☆☆☆☆

Name der Tour

Gipfel/Gebirge

Ausgangspunkt

Möchten wir gerne wiederholen ☐ JA ☐ NEIN

Art der Tour

Datum

Höhenmeter	Distanz	
Aufstiegszeit	Abstiegszeit	Gesamtzeit

Weitere Begleiter

Wetterverhältnisse

Hütten/Einkehrmöglichkeiten

Stempel

Highlights

Höhe in Metern

Zeit in Stunden

Kommentare:

Etappen

Notizen, Gedanken, Fotos...

Tour Nr. 47

Name der Tour	
Gipfel/Gebirge	
Ausgangspunkt	

	♡	♡	♡	♡	♡
Romantik	♡	♡	♡	♡	♡
Schwierigkeit	☆	☆	☆	☆	☆
Kondition	☆	☆	☆	☆	☆
Frequentierung	☆	☆	☆	☆	☆
Landschaft	☆	☆	☆	☆	☆
Gesamtbewertung	☆	☆	☆	☆	☆

Möchten wir gerne wiederholen ☐ JA ☐ NEIN

Art der Tour

Höhenmeter | Distanz

Aufstiegszeit | Abstiegszeit | Gesamtzeit

Datum

Weitere Begleiter

Wetterverhältnisse

Hütten/Einkehrmöglichkeiten

Stempel

Highlights

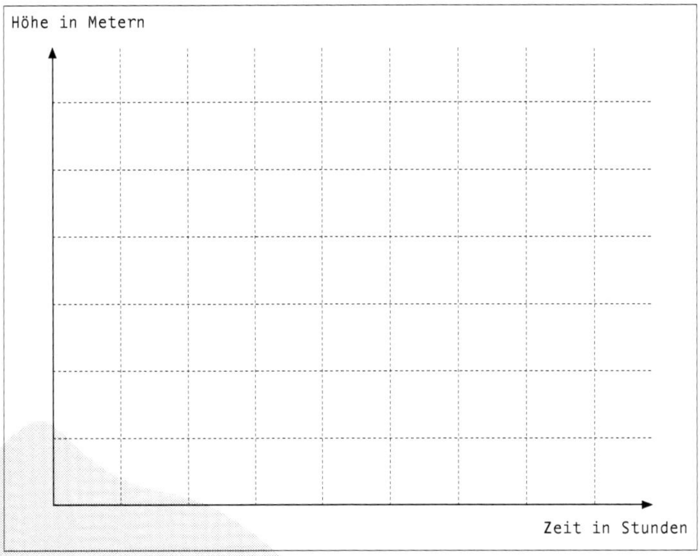

Kommentare:

Etappen

Notizen, Gedanken, Fotos...

Tour Nr. 48

Romantik	♡♡♡♡♡
Schwierigkeit	☆☆☆☆☆
Kondition	☆☆☆☆☆
Frequentierung	☆☆☆☆☆
Landschaft	☆☆☆☆☆
Gesamtbewertung	☆☆☆☆☆

Name der Tour

Gipfel/Gebirge

Ausgangspunkt

Möchten wir gerne wiederholen ☐ JA ☐ NEIN

Art der Tour

Datum

Höhenmeter | Distanz

Weitere Begleiter

Aufstiegszeit | Abstiegszeit | Gesamtzeit

Wetterverhältnisse

Hütten/Einkehrmöglichkeiten

Stempel

Highlights

Höhe in Metern

Zeit in Stunden

Kommentare:

Etappen

Notizen, Gedanken, Fotos...

Tour Nr. 49

Romantik	♡♡♡♡♡
Schwierigkeit	☆☆☆☆☆
Kondition	☆☆☆☆☆
Frequentierung	☆☆☆☆☆
Landschaft	☆☆☆☆☆
Gesamtbewertung	☆☆☆☆☆

Name der Tour

Gipfel/Gebirge

Ausgangspunkt

Möchten wir gerne wiederholen ☐ JA ☐ NEIN

Art der Tour

Datum

Höhenmeter

Distanz

Weitere Begleiter

Aufstiegszeit

Abstiegszeit

Gesamtzeit

Wetterverhältnisse

Hütten/Einkehrmöglichkeiten

Stempel

Highlights

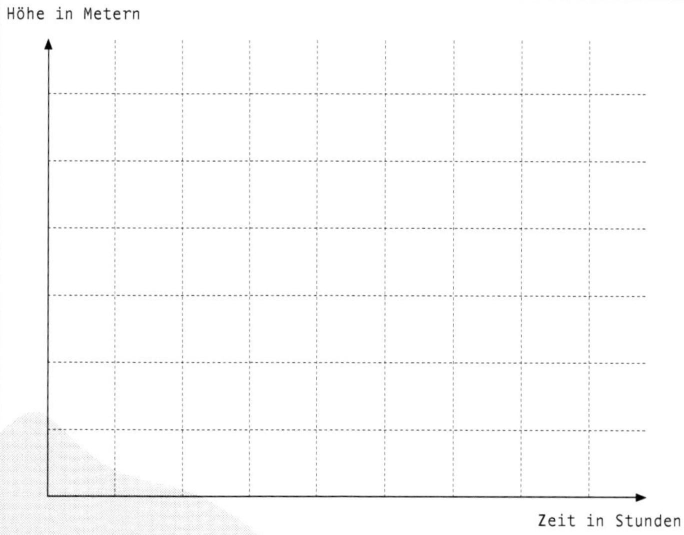

Kommentare:

Etappen

Notizen, Gedanken, Fotos...

Tour Nr. 50

Romantik	♡ ♡ ♡ ♡ ♡
Schwierigkeit	☆ ☆ ☆ ☆ ☆
Kondition	☆ ☆ ☆ ☆ ☆
Frequentierung	☆ ☆ ☆ ☆ ☆
Landschaft	☆ ☆ ☆ ☆ ☆
Gesamtbewertung	☆ ☆ ☆ ☆ ☆

Name der Tour

Gipfel/Gebirge

Ausgangspunkt

Möchten wir gerne wiederholen ☐ JA ☐ NEIN

Art der Tour

Datum

Höhenmeter | Distanz

Weitere Begleiter

Aufstiegszeit | Abstiegszeit | Gesamtzeit

Wetterverhältnisse

Hütten/Einkehrmöglichkeiten

Stempel

Highlights

Höhe in Metern

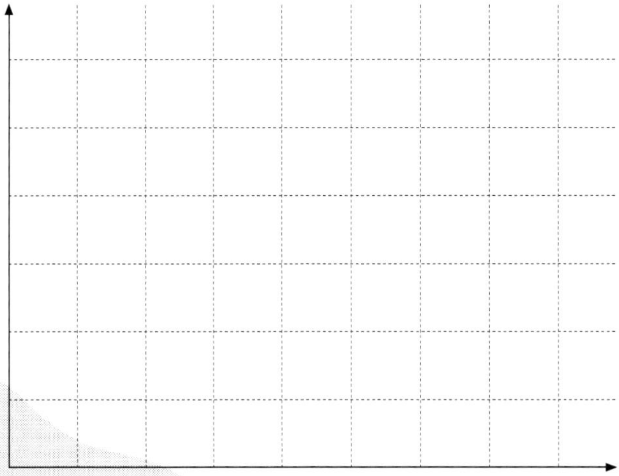

Zeit in Stunden

Kommentare:

Etappen

Notizen, Gedanken, Fotos...

Unsere unvergesslichsten Momente & Highlights

Hier möchten wir mal wandern...

Habt eine tolle Zeit auf all Euren Wanderungen
&
viel Freude an diesem Buch!

Impressum:

vertreten durch
Simon Zieger
Osterseenstr. 34
82393 Iffeldorf
Germany

Fragen oder Anregungen?

liddelbooks@gmx.de